만화
정약용과 그의 형제들
3

참고자료
손택수, 정약전 원저, 『바다를 품은 책 자산어보』, 아이세움, 2006.
박영규, 『조선사 이야기 3』, 주니어김영사, 2003.
정민, 『미쳐야 미친다』, 푸른역사, 2004.
이이화, 『한국근대인물의 해명』, 학민사, 1985.
수원시 홍보책자, 『세계문화유산-수원화성』.

KI신서 4135

정약용과 그의 형제들 3

1판 1쇄 인쇄 2012년 7월 20일
1판 1쇄 발행 2012년 7월 26일

원작 이덕일 **글·그림** 탁영호
펴낸이 김영곤 **펴낸곳** (주)북이십일 21세기북스
부사장 임병주
MC기획1실장 김성수 BC기획팀 심지혜 장보라 양으녕 해외기획팀 김준수 조민정
출판개발실장 주명석 편집1팀장 박상문 **책임편집** 조유진
디자인 표지 윤정아 본문 정란
마케팅영업본부장 최창규 마케팅 김현섭 강서영 영업 이경희 정병철
출판등록 2000년 5월 6일 제1001965호
주소 (우 413-120) 경기도 파주시 회동길 201(문발동)
대표전화 031-955-2100 팩스 031-955-2122 이메일 book21@book21.co.kr
홈페이지 www.book21.com 블로그 b.book21.com 트위터 @21cbook

© 탁영호, 2012

ISBN 978-89-509-3892-5 03900
     978-89-509-3907-6 (세트)
책값은 뒤표지에 있습니다.

이 책 내용의 일부 또는 전부를 재사용하려면 반드시 (주)북이십일의 동의를 얻어야 합니다.
잘못 만들어진 책은 구입하신 서점에서 교환해 드립니다.

만화

정약용과
그의 형제들

원작 **이덕일** | 글·그림 **탁영호**

3

21세기북스

머리말

　탁영호 화백의 솜씨로 되살아난 만화『정약용과 그의 형제들』을 대하니 이 책을 처음 쓸 무렵의 일이 생각납니다. 그때 나는 지인들과 함께 정약용 선생을 중심으로 세 형제와 그 가족들의 흔적을 찾아서 전국 방방곡곡을 돌아다녔습니다. 역사서는 머릿속의 지식만으로 쓰는 것이 아니라 사료를 대하는 뜨거운 가슴과 현장을 다니는 부르튼 발로 함께 쓰는 것이기 때문입니다. 그렇게 쓴 역사서만이 시간과 공간의 제약을 뛰어넘어 생생하게 살아 움직일 수 있다고 생각합니다. 대부분의 답사는 답답한 도시를 벗어나서 시골과 자연 속으로 들어가는 일이기 때문에 몸은 고달파도 마음만은 즐겁습니다.
　그러나 정약용 형제의 흔적을 찾아다니는 길은 그리 즐거운 일만이 아니라는 사실은 짐작하고 있었습니다. 세 형제가 모두 순탄하지 못한 삶을 살았다는 사실을 잘 알기 때문입니다. 사실 정약용 형제의 흔적을 찾아다니는 길은 짐작했던 것보다 훨씬 괴로운 여정이었습니다. 발이 힘들어서가 아니라 마음이 힘들었기 때문입니다. 정약용 형제의 흔적을 찾는 길은 그 시대의 비극과 마주서는 일이었습니다. 그들은 그 누구도 해치거나 그 누구도 해롭게 하지 않았습니다. 오히려 누구보다도 그 시대의 사람들을 사랑했고, 그 시대의 학문을 사랑했고, 무엇보다 그 시대를 사랑했기에 잘못된 것을 바꾸려고 노력했던 사람들이었습니다. 그럼에도 삼형제는 정조의 죽음과 함께 비참한 나락으로 떨어져야 했습니다. 정약종 선생은 목이 잘려 죽어야 했습니다. 정약전 선생도 남도의 섬 우의도에서 유배 16년 만에 쓸쓸하게 죽어가야 했습니다. 정약전 선생이 유배 가서 아이들을 가르치던 흑산도 사리 앞 바닷물이 슬프도록 맑은 것은 그의 쓸쓸했던 인생이 투영되었기 때문일 것입니다. 유배에서 돌아온 후 고향에서 조용히 생을 마친 정약용이 그나마 가장 편안한 삶을 살았던 셈입니다.

  그래서 이 형제들을 비극적 운명으로 몰고 간 그 시대의 구조에 대해서 써봐야겠다는 생각을 하게 되었고, 그 결과 발간된 책이 『정약용과 그의 형제들』이었습니다. 『정약용과 그의 형제들』에 정약용과 그 형제들의 개인적 삶뿐만 아니라 그 형제들을 비극적 인생으로 몰고 간 그 시대의 구조에 대해서 서술하게 된 것은 이런 이유 때문입니다.

  지금 우리 사회는 정약용 형제를 박해하던 그 모습에서 얼마나 달라져 있는지 생각해봅니다. 정약용 형제는 인생에서 실패하고 역사에서 승리한 사람들입니다. 정약용 형제가 지금 살아 있다면 과연 인생에서도 성공할 수 있을까요? 불행하게도 선뜻 '그렇다'고 대답하지 못하는 것이 현실입니다. 어떻게 보면 잘못된 구조를 바꾸려고 노력하는 그 자체가 인생이고 인간의 가치이기 때문입니다. 그런 인생에서 배우는 것이 더욱 크듯이 우리의 노력으로 이 시대가 전 시대보다 조금이라도 더 나아질 수 있다면 거부할 수 없는 길일 것입니다.

  탁영호 화백의 손끝에서 재탄생한 『만화 정약용과 그의 형제들』은 어린 시절을 떠오르게 합니다. 더운 여름날이면 시원한 나무 그늘 아래서, 추운 겨울날이면 따뜻한 아랫목에서 만화를 보곤 했습니다. 어쩌면 내 어린 시절의 지식은 대부분 만화에서 얻은 것인지도 모릅니다. 이제 이런 묵직한 주제까지 만화로 재창작되는 것을 지켜보면서 역사는 풍부해지고 넓어진다는 생각이 듭니다. 원작은 원작대로, 만화는 만화대로 다 자기 생명력을 갖고 있습니다. 그런 생명력들이 모여서 우리 인생과 우리 역사를 보다 풍부하게 만드는 것입니다. 이제 만화로 새롭게 세상에 첫발을 딛는 『정약용과 그의 형제들』이 원작 못지않은 사랑을 독자여러분에게 받을 수 있기를 바라 마지않습니다.

원작자 **이덕일**

| 차례 |

머리말 _ 4
등장인물 _ 8

제1장 유배지에서

1. 거듭되는 이별 _ 14
2. 유배지에서 시킨 자녀교육 _ 37

제2장 생태학자 정약전

1. 『송정사의』에 담긴 뜻 _ 90
2. 정약용과 정약전의 학문 세계 _ 116
3. 유배지 형제의 사랑과 슬픔 _ 140

제3장 만남과 헤어짐

1. 혜장 선사 _170
2. 정약전의 죽음 _193
3. 돌아가는 것도 운명이고 돌아가지 못하는 것도 운명이다 _203

제4장 고향에 돌아와

1. 「자찬묘지명」을 쓴 이유 _214
2. 농사 짓는 사람이 땅을 가져야 한다 _220
3. 묘지명을 지은 뜻 _228
4. 태워버려도 괜찮다 _239

등장인물

정재원(丁載遠:1730~1792)
정약용 형제의 부친으로 영조 38년(1762) 생원시에 급제했고, 대과(大科)는 보지 않았으나 음보(陰補)로 지방관에 나가 진주 목사로 있던 중 사망했다. 첫 부인 남씨가 장남 약현을, 후취 윤씨가 약전·약종·약용과 이승훈의 부인이 된 딸을 낳았다.

정약현(丁若鉉:1751~1821)
정약용의 이복 맏형으로 정조 19년(1795) 진사시에 합격했으나 벼슬에는 나가지 않았다. 자신은 천주교도가 아니었으나 첫 부인이 이벽의 누이였으며, 딸 명련(命連)은 황사영과 혼인한 관계로 고초를 겪었다.

정약전(丁若銓:1758~1816)
정약용의 둘째형으로 정조 14년(1790) 문과에 급제하고 병조좌랑 등을 역임했다. 정조 사후 흑산도에 유배되어 『자산어보(玆山魚譜)』, 『논어난(論語難)』, 『자산역간(玆山易柬)』, 『송정사의(松政私議)』 등의 저술을 남겼다.

정약종(丁若鍾:1760~1801)
정약용의 막내 형으로 다른 형제들보다 늦게 천주교를 받아들였으나 다른 양반들이 천주교를 버릴 때도 신앙을 굳게 지켰다. 정조 사후 국문을 받고 참수당했다.

이승훈(李承薰:1756~1801)
정조 7년(1783) 말 부친을 따라 베이징에 가서 서양인 신부에게 영세를 받고 이듬해 돌아옴으로써 천주교를 자발적으로 수용한다. 이때 그가 가져온 천주교 서적들은 여러 차례 정국에 파란을 일으켰다. 정약용 형제의 매형이기도 한 그는 1801년 신유박해 때 사형당했다.

이가환(李家煥:1742~1801)
성호 이익의 증손으로 벼슬이 형조판서에 이르렀다. 당대 제일의 천재 학자로 정조와 서양의 과학문명에 대해 대화를 나누기도 했다. 채제공 사후 남인 영수가 되었으나 천주교도라는 공격을 받아 자리에서 물러났다. 천주교를 버렸음을 언행으로 입증했으나 신유박해 때 사형당했다. 저서로『금대관집(錦帶館集)』이 있다.

이벽(李檗:1754~1785)
정약현의 처남으로 정약용에게 처음으로 천주교를 가르쳐 주었다. 박식했으나 천주교를 접한 후 벼슬을 포기했다. 문중으로부터 강한 배교 압력을 받아오다가 병사했는데, 일각에는 독살설도 있다.

채제공(蔡濟恭:1720~1799)
정조 때의 남인 영수로 좌의정을 지냈다. 정조 때 사도세자 문제를 거론했다가 큰 파문을 일으켰다. 그가 죽고 나서 남인들의 세력이 약화되었다.

홍화보(洪和輔:1726~1791)
정약용의 장인. 영조 47년(1771) 훈련초관으로 국자시(國子試)에 1등 했으며 무관으로서는 이례적으로 동부승지에 발탁되기도 했다. 정조 15년(1791년) 황해도 병마절도사로 있을 때 사망했다.

정학연(丁學淵 : 1783~1859)
정약용의 만아들로 시문과 의술에 밝았다. 『종축회통(種畜會通)』이란 저서가 있다.

정학유(丁學遊 : 1786~1855)
정약용의 둘째 아들로 「농가월령가(農家月令歌)」의 작자이기도 하다.

정학초(丁學樵 : 1791~1807)
정약전의 아들로 학문에 뛰어나 정약용이 학문의 후계자로 삼으려 했으나 17세에 요절했다.

서용보(徐龍輔 : 1757~1824)
노론 벽파로 정약용을 비롯한 남인들을 공격한다. 영조 때 대사헌 등을 지냈으며 순조 때 우의정으로서 신해박해를 주도하면서 정약용의 석방을 방해했다. 1819년에는 영의정에 오른다.

심환지(沈煥之 : 1730~1802)
영조 47년(1771) 문과에 급제해 벼슬길에 나온 이후 정조 때 벽파의 영수가 된다. 정조 사후 영의정을 맡아 신유박해를 주도했다.

혜장(惠藏:1772~1811)
젊어서 대둔사의 주지가 되었다.『주역』을 공부하다가 정약용을 만난 후 다산을 사실상 스승으로 삼았다. 그가 일찍 죽자 정약용이「아암장공탑명(兒菴藏公塔銘)」을 써주었다.

황사영(黃嗣永:1775~1801)
서울 출신으로 정약현의 딸 명련과 결혼하면서 천주교에 입교한다. 정조 14년(1790) 사마시에 급제한 후 정조의 부름을 받았으나 벼슬을 포기하고 전교에만 전념한다. 은둔지 배론에서 신유박해의 전말을 담은「백서(帛書)」를 작성해 베이징 주교에게 전달하려다 발각되어 능지처사되었다. 가족들은 모두 노비가 되어 귀양갔으며 그의 집에는 우물이 만들어졌다.

주문모(周文謨:1752~1801)
중국 장쑤성 쑤저우[蘇州] 출신으로 베이징 신학교 졸업 후 정조 18년(1794) 지황 등의 안내로 입국했다. 이후 7년 동안 숨어 다니면서 천주교를 전파했는데, 신유박해 때 국경 부근까지 도망갔다가 되돌아와 의금부에 자수했다. 1801년 새남터에서 군문효수형(軍門梟首刑)으로 순교했다.

제1장
유배지에서

1. 거듭되는 이별

이처럼 탄핵권을 가진 사헌부 집의가 반드시 죽이려 했으나 살아난 자체가 기적 같은 일이었다.

초가 주막 새벽등 푸르스레 꺼지려 해서
일어나 샛별 보니 이별할 일 참담하구나.
두 눈만 뜬 채 묵묵히 두 입 다 할 말 잃어
애써 목청 다듬건만 나오는 건 오열뿐.
흑산도 머나먼 곳 바다와 하늘뿐인데
형님께서 어찌 그곳으로 가시겠소.

내가 더욱 쇠약해질 때 이런 일까지 닥치다니, 정말 슬픈 마음을 조금도 누그러뜨릴 수 없다.

너희들 아래로 무려 사내아이 넷과 계집아이 하나를 잃었다. 그 중 하나는 낳은 지 열흘 남짓해서 죽어버려 그 얼굴 모습도 기억나지 않는다.

하지만 나머지 세 아이는 손 안의 구슬처럼 재롱을 부리다가 모두 세 살 때 죽고 말았다.

이 세 아이들은 모두 나와 네 어머니의 손에서 죽었기에 운명이라고 생각할 수도 있었던 것이다.

그래서 이번 같이 가슴이 저미고 찌르는 슬픔이 복받치지는 않았다.

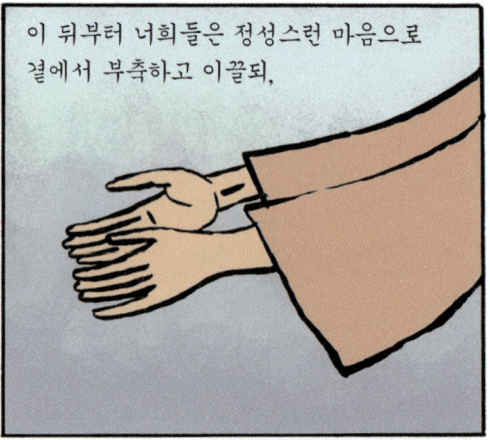

시어머니가 더러 쓸쓸해하고 편치 않아 하더라도 기쁘게 받아들이고,

더욱 정성스런 마음으로 힘을 다해서 기꺼이 그 기쁨과 사랑을 얻도록 하여라.

마음에 조금의 틈도 없이 오래 화합하면 자연히 믿음이 생겨 안방에서는 화평의 기운이 한 덩어리로 빚어지고,

자연스레 천지의 화응을 얻어 닭이나 개, 채소나 과일 따위도 또한 각기 번성하며,

그리하면 물건을 억눌러 막음이 없고, 일에 억눌려 맺힌 게 없으면,

나 또한 임금의 은혜라도 입어 자연히 풀려 돌아가게 될 것이다.

선을 행하면 선을 얻는 것이 당연한 이치가 아니더냐.

아닌가?

2. 유배지에서 시킨 자녀교육

오직 이 대여섯 애들을 가르치되 모두 효와 제에 근본을 두고 또 경사와 예악, 병농과 의약의 이치에 투철하게 해주는 일이다.

이렇게 할 수 있다면 아마 4~5년이 못되어 그 향기가 짙어짐을 볼 수 있어 비록 폐족임을 면하지는 못하겠지만 아버지의 가르침은 징험이 있을 것이니,

이것이 내가 아침저녁으로 북쪽을 바라보며 반드시 빨리 귀양이 풀려 돌아가고자 하는 까닭인 것이다.

그 무렵 큰 아들 학연이 와서 근친했다.

아버님, 학유 왔습니다.

먼 길 고생했구나.

백부는 대역죄로 처형당하고 또 다른 백부는 외딴 섬 흑산도로 귀양 간 상황이었다.

여기서 잠시 나와 있으면서 학문에 힘쓰도록 하자.

호사스런 집안 자제들이나 촌구석 수재들이 그 심오함을 넘겨다볼 수도 없는 것이기 때문이다.

반드시 벼슬하던 집안의 자제로서 어려서부터 듣고 본 바도 있는데다 중년에 죄에 걸린 너희들 같은 사람들만이 독서를 할 수 있는 것이다.

그네들이 책을 읽을 수 없다는 것이 아니라 뜻도 모르면서 그냥 책을 읽는 것이니 이를 두고 책을 읽었다고 할 수 없는 것이다.

그 놈 잘 외웠구나.

공자 가라사대….

입신양명에 대한 미련이 묻어있구나.

네가 곡산에서 공부하다 집으로 돌아간 뒤 내가 네게 과거 공부를 하라고 한 적이 있었다.

예.

비록 하늘의 이치에 통달하는 재주가 있고, 다른 사람보다 뛰어난 식견을 가졌다 할지라도

결국은 발뒤꿈치를 땅에 붙이고 바로 설 수 없게 되어

어긋난 말씨, 잘못된 행동, 도적질, 대악, 이단이나 잡술 등으로 흘러 걷잡을 수 없게 될 것이다.

정약용은 '몸을 움직이는 것과 말을 하는 것과 얼굴빛을 바르게 하는' 이 세 가지를 항상 실천하라고 권했다.

나는 이 세 가지를 고향집 서재의 이름으로 삼고 싶다.

다시 말해 이 세 가지는 폭만을 멀리하고 비루하고 이치에 어긋난 것을 멀리하고 미더움을 가까이 한다는 뜻이다.

이제 너희 덕성의 발전을 위해 삼사재라는 이름을 선물하니 너희들의 당호로 삼아라.

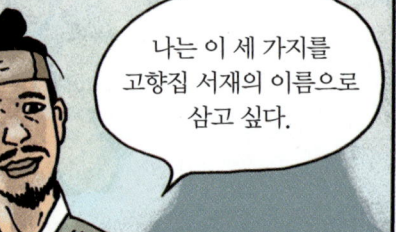

정약용은 두 아들이 겉으로는 이 세 가지를 중시하고, 안으로는 성의와 성신에 힘쓰라고 권유했다.

성의 공부는 모름지기 거짓말하지 않는 일부터 노력해야 한다.

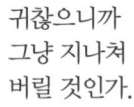

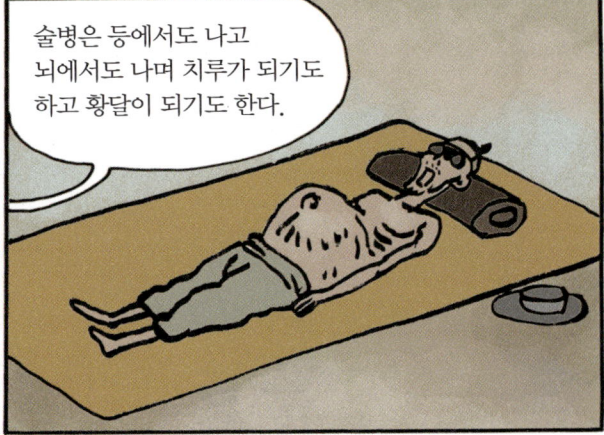

아욱 한 이랑, 배추 한 이랑, 무 한 이랑씩 심어 두고, 가지나 고추 종류도 각기 마땅히 따로 따로 구별하여 심어 놓고, 마늘이나 파 심는 일에도 힘쓸 것이며, 미나리도 또한 심을 만한 채소이다.

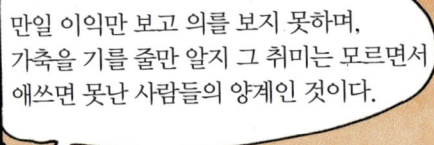

정약용은 그 어느 사대부보다 많은 시를 지었다. 그의 시는 여느 사대부들과는 달랐다. 보통 사대부들의 시가 음풍농월을 담고 있다면 정약용의 시에는 생생한 현실이 담겨 있다.

우물물 있다마는 새벽물 긷지 않고 땔감 있다마는 저녁밥 짓지 못해.
사지는 아직도 움직일 수 있건만 굶은 다리 제대로 걸을 수 없네.

해 저문 넓은 들에 부는 바람 서글픈데
애처로운 저 기러기 어디로 날아가나.

고을 원님 어진 정사 베풀어
없는 백성 구한다며 쌀 준다기에

가다가다 고을 문에 이르러 보니
옹기종기 입만 들고 죽솥으로 모여든다.

다산은 『감사론』에서 감사를 가장 큰 도적이라고 말했는데,

한 도(道)의 우두머리인 감사를 '가장 큰 도적'이라고 지칭한 것을 한 나라의 '가장 큰 도적'은 임금이라고 생각한 까닭인지도 모른다.

정조 사후의 조선은 이미 천명이 다한 나라였다.

그래서 감사나 임금은 도적에 지나지 않는 것이다.

제2장
생태학자 정약전

1. 『송정사의』에 담긴 뜻

정약전은 사나흘 동안 사나운 파도와 싸운 끝에 흑산도에 도착했다.

전라도 뭍에서 약 250리 떨어져 있는 흑산도는 영조 후반 편찬한 『여지도서』에 따르면 둘레가 35리이고 편호는 283호로써 남자가 361명, 여자가 343명이었다. 정약전의 유배 때도 사정은 크게 다르지 않았다.

자, 내리슈.

고맙네.

금령을 내리고 혹 법조문을 내세워 죄를 다스려도 산림은 날로 벌거숭이가 되고, 재용(財用)은 날로 결핍하여 위로는 국가 재정에 도움이 되지 못하고,

아래로는 백성의 수요를 충족시키지 못한다.

나무관에 한번 누워봤으면….

정약용의 이 글은 『송정사의』를 보고 쓴 것이다.

『손암사의』에서 옛사람의 말을 인용하여 화전 경작의 피해를 다음과 같이 말했다.

손암이 정약전의 호라는 점에서 『손암사의』는 송정사의를 뜻한다.

첫째, 산과 골짜기에 나무가 없다면 산사태가 나는 것을 막을 수 없다.

둘째, 사태가 나면 들판의 논밭을 덮어버리니 국가 재원이 날로 줄어든다.

위로는 기둥 열 개짜리 집과 배 몇 척 만들 때도 관리가 변괴를 기다리는 것도 아니면서도 멀게는 천 여리, 가깝게는 수백 리가 넘는 거리를 강물에 띄우고 육지에서 끌어와야만 비로소 일을 마칠 수 있다.

아래로는 관재 하나 값이 400~500냥이다.

궁벽한 시골은 부자가 상을 당해도 시신을 관에 넣는 데 열흘이 걸린다.

그러니 평민들은 초장을 할 수밖에 없지.

내가 직접 본 기억으로는 20년 전에 비해 나무값이 3~4배 올랐다.

20년을 지나면 반드시 오늘날의 3~4배 오르는 정도에 그치지 않을 것이다.

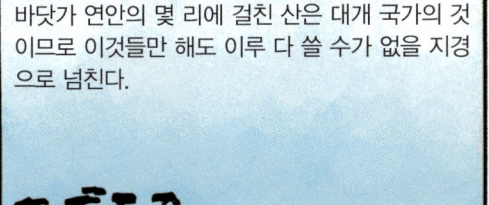

황장목(임금의 관을 만드는 데 사용하는 좋은 소나무)이 잘 자라는 산이 깊은 골짜기에 자리 잡고 있을 뿐만 아니라 소나무에 알맞은 밭이 바닷가에 널려 있다.

바닷가 연안의 몇 리에 걸친 산은 대개 국가의 것이므로 이것들만 해도 이루 다 쓸 수가 없을 지경으로 넘친다.

그런데도 바닷가로부터 30리 이내의 산은 국가와 개인 소유를 막론하고 일체 벌목을 금하는 법까지 있다.

대저 나무가 있기 때문에 금지한다면 그래도 이로운 것이 있겠지만

숲이 울창하구나.

나무도 없으면서 금지한다면 백성들은 나무를 심지 않을 것이다.

나무를 심어봤자 어차피 내 것이 아니잖아.

돈을 모아 탐관오리에게 뇌물을 후하게 주어 후환을 없애기도 했다.

그리하여 작고 작은 공산조차도 소나무 한 그루가 없게 되었다.

그러면 이 문제를 어찌 해결해야 할 것인가?

간단하다. 법을 완화해서 소나무 벌목을 금지하지 않으면 된다.

오늘날 소나무 벌채를 금지하는 법은 비록 공자나 안연이라 해도 범하지 않을 수 없다.

그분들이 오늘날 세상에 살게 되어 부모의 상을 당했다고 하자.

과연 그분들이 소나무 벌목 금지의 법 때문에 관을 만드는 예법을 폐지하려 들겠는가?

개인 소유의 산으로 묵혀두어 황폐하게 된 것은 나무를 길러서 스스로 사용하게 하고,

봉산(封山)으로 나무 심기를 그만두어 버려진 것은 나무를 길러서 스스로 사용하게 허락한다.

그리고 몇 십 길의 산으로 나무가 없는 경우는 그 주인에게 죄를 가한다.

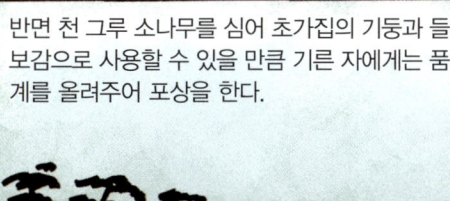
반면 천 그루 소나무를 심어 초가집의 기둥과 들보감으로 사용할 수 있을 만큼 기른 자에게는 품계를 올려주어 포상을 한다.

한편 산허리 이상에서 화전의 경작을 금하는 법을 엄하게 단속하여 불 지르지 못하도록 한다.

무릇 주인 없는 산을 찾아서 한 마을에서 힘을 합쳐 1년이나 2년 동안 소나무를 길러 울창하게 숲을 이루게 하고,

제2장 생태학자 정약전

2. 정약용과 정약전의 학문 세계

정약용은 흑산이란 이름이 싫어서 편지를 보낼 때는 자산이라고 썼고, 약전은 이를 자신의 호로 삼았다.

'흑' 자는 죄인의 이마에 먹물을 새기는 등 좋지 않은 의미로 많이 사용하였다.

자와 흑의 뜻은 같으나 어감은 다르다.

정약전은 정약용의 『역학서언』에 이런 서문을 썼다.

아! 형제가 된 지 44년에 그의 지식과 역량이 이러한 경지에 미치리라고는 생각도 못했다.

내가 듣건대 천하 사람들을 위해 혼미함을 열고, 의혹을 타파하며, 난리를 평정하고 어지러운 세상을 바로 잡아

바른 데로 돌아가게 할 때에는 부득불 남의 힘을 빌린다 하니 또한 제 자신을 알지 못한 것이다.

사마천이 말하기를 '무왕이 주왕에 의해 유리에 갇혀 있을 때 『주역』을 연역하였고,

『자산어보』 서문에 정약전은 이렇게 썼다.

자산(茲山)은 흑산이다.
나는 흑산도에 위배되어 있어서 흑산이란 이름이 무서웠다.

집안 사람들의 편지에는 흑산을 번번히 자산이라 쓰고 있었다.

자(茲)자는 흑(黑)과 같다.

정약전은 『자산어보』를 비늘이 있는 '인류' 71종, 비늘이 없는 '무인류' 43종, 껍질이 있는 '개류' 68종(거북1, 게17, 조개50), 해충, 해조 등의 '잡류' 45종으로 크게 분류했다.

정약전은 무인류의 첫 번째를 흑산도의 특산물인 홍어로 시작했는데, 그 서술이 생생하면서도 재미있다.

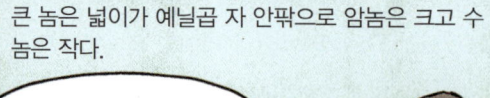

이런 설명 뒤에 정약전은 '기름상어, 참상어, 게상어, 죽상어, 비근상어, 왜상어, 병치상어, 줄상어, 모동상어, 저자상어, 귀상어, 사치상어, 은상어, 환도상어, 극치상어, 철갑장군, 내안상어, 총절입' 등 온갖 종류의 상어에 대해 자세하게 서술하고 있다.

그 시대 모든 사대부가 매진하는 경학 대신 백성들의 실제 삶에 도움이 되는 『송정사의』와 『자산어보』를 쓴 정약전은 우리 역사상 가장 진실했던 실학자라고 평가할 만하다.

『주역사전』을 비롯한 여러 경서가 경학의 길을 걸었던 다산의 위대한 업적이라고 한다면, 『자산어보』는 실용의 길을 걸었던 자산의 위대한 업적인 것이다.

저 바다 건너에는 어떤 세상이 있을까?

두 형제는 서로 비슷한 길을 걷는 듯하면서도 달랐고, 서로 다른 길을 걷는 듯하면서도 같았던 것이다.

창대야 우리 다른 세상으로 가보지 않을래?

거기도 양반이 있다면 저는 안 갈랍니다.

3. 유배지 형제의 사랑과 슬픔

또 개가 미끼를 물면 그 주둥이가 볼록하게 커져서 사면으로 찔리기 때문에 끝내는 걸리게 되어 공손히 엎드려 그저 꼬리만 흔들 따름입니다.

닷새마다 한 마리씩 삶으면 하루 이틀쯤이야 생선찌개를 먹는다고 해도 어찌 기운을 잃는 데까지 가겠습니까?

1년 366일에 쉰두 마리의 개를 삶으면 충분히 고기를 계속 먹을 수가 있습니다.

정약용은 이렇게 잡은 산개를 요리하는 방법까지 자세하게 설명했다.

채소밭에 파가 있고, 방안에 식초가 있으면 이제 개를 잡을 차례입니다.

삶는 법을 말씀드리면 우선 티끌이 묻지 않도록 달아매어 껍질을 벗기고,

창자와 밥통은 씻어도 그 나머지는 절대로 씻지 말고 곧장 가마솥에 넣어서 바로 맑은 물로 삶습니다.

산의 정상에 올라 서쪽을 바라보니 바다와 산이 얽혀 있고 안개와 구름이 꺼졌다 솟으며 나주의 여러 섬들이 눈앞에 있었다.

그러나 어떤 것이 형님이 계신 우이도인지 가릴 수 없었다.

이날 승려 한 사람이 따라와 말하기를

보은산의 다른 이름이 우이산이고 절정의 두 봉우리는 형제봉입니다.

제3장
만남과 헤어짐

1. 혜장 선사

학초를 잃은 이듬해(1808) 봄 정약용은 다산으로 이주했다.

다산은 강진현 남쪽의 만덕사(만덕산 백련사) 서쪽에 있는 처사 윤단의 산정이었다.

외가 쪽 신세를 지게 생겼군.

음, 경치뿐만 아니라 모든 것이 흡족하구나.

혜장은 『역학계몽』에 대해 귀신처럼 융통하고 입에 익어 한 차례에 수십 수백 마디까지 외워대는데 술 부대에서 술이 쏟아지듯 도도하게 토해내어 막힘이 없었다.

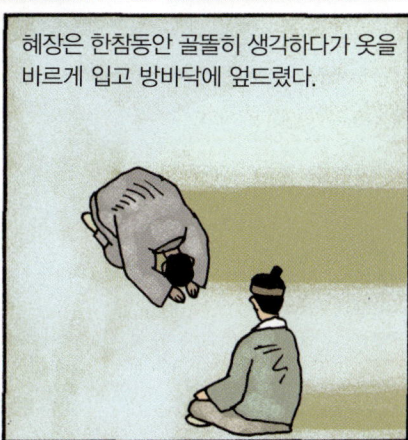

혜장은 다산을 만난 후 그만 불법에 의욕을 상실했는지 수룡과 기어 두 제자에게 가사를 물려주고 뒷전에 물러앉았다. 그때 그의 나이 겨우 35세였다.

2. 정약전의 죽음

그러나 강진에 해배명령서는 오지 않았고, 정약용은 우이도에 나타나지 못했다.

의금부에서 석방명령서를 보내려 했으나 강준흠이 상소해서 반대했다.

어허, 이거 어찌해야 하나.

판의금 이집두는 자신까지 연루될까 두려워 해배 공문을 보내지 못했던 것이다.

괜히 나섰다가 똥물이 튀기면 나만 손해지.

이는 불법이었으나 법이 무너진 지 이미 오래였다.

우이도에서 이제나 저제나 다산을 기다리던 정약전은 유배 16년 만에 '아우를 만나보지 못하는 한을 품은 채' 세상을 떠나고 말았다. 순조 16년(1816) 6월 6일이었다.

제3장 만남과 헤어짐

형님….

정약용의 마음은 찢어질 듯 아팠다.
그러나 장례식에 참석할 수가 없었다.

해배명령서를 받지 않은 상태에서 우이도로 갈 수 없었던 것이다.

두 아들에게 보낸 편지에서 다산에게 정약전이 어떤 의미인지가 잘 나타나 있다.

6월 초 엿샛날은
나의 어지신 둘째 형님이
세상을 떠나신 날이다.

오호라! 현자가 그토록
곤궁하게 세상을
떠나시다니.

3. 돌아가는 것도 운명이고 돌아가지 못하는 것도 운명이다

사람이라 때론 더 좋은 것을 택하기 위해 다른 것을 버리는 경우도 있지만

삶을 버리고 죽음을 택할 때도 있다.

내가 살아서 고향에 돌아가는 것도 운명이고, 돌아가지 못하는 것도 운명이다.

사람이 해야 할 일을 다하지 않고 천명만 기다리는 것은 도리가 아니다.

너는 사람이 해야 할 일은 이미 다했다.

그런데도 내가 돌아갈 수 없다면 이 또한 운명일 뿐이다.

아버님….

그렇게 다산은 세월을 흘려 보냈다. 유일한 독자였던 정약전마저 죽고 없는 암흑 속에서 정약용은 불의한 시대에 대한 분노와 슬픔을 안고 학문에 침잠했다.

그 결과가 유배 18년(1818) 만에 완성한 『목민심서』였다.

48권 16책

제3장 만남과 헤어짐

제4장
고향에 돌아와

1.「자찬묘지명」을 쓴 이유

경진년(59세, 1820) 봄에 배를 타고 산수를 거슬러 올라가 춘천과 청평산 등지를 유람했다. 가을에는 다시 용문산에 가서 유람하는 등 산과 시냇가를 산보하면서 인생을 마치기로 했다.

216

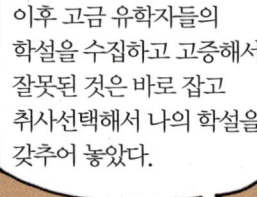

정약용은 「자찬묘지명」에서 232권에 달하는 경학서 이외에 260권에 달하는 법정서와 역사서, 시집 등을 따로 분류해두었다.

다산은 그의 법정집의 핵심인 1표 2서에 대해 짤막한 설명을 붙였다.

『경세유표』(44권 15책)
'나라를 경영하는 제반 제도에
현재의 실행 여부에 구애되지 않고 경을 세우고
기를 나열하여 우리 구방을 새롭게 개혁하려는 생각에서
저술했다'고 하여 당시 행정기구와 법제 및 경제제도를
대폭적으로 개혁하고자 했다.

『흠흠신서』(30권 10책)
형법 연구로서
사람의 목숨을 다루는 옥사에 대해
'백성의 억울함이 없기를 바라는 뜻'에서
통치자의 인정, 덕치의 규범을
명확히 하고자 저술했다.

제4장 고향에 돌아와

2. 농사 짓는 사람이 땅을 가져야 한다

훗날 『목민심서』와 『경세유표』의 기초가 된 『전론』은 유배 시절이 아니라 곡산 부사로 있던 정조 23년(1799)에 작성되었다는 사실이 중요하다.

1여의 크기는 30여 가구 남짓한 규모로 구상했다.

주목할 것은 '여'에 대한 선택권이 인민에게 있다는 점이다.

"백성들에게 여의 선택권을 주면 많은 사람이 여기저기로 자주 왕래할 것이며"

"이렇게 되면 8, 9년이 지나지 않아서 나라 안의 전지가 고르게 될 것이다."

지배층이 백성들을 엄한 법과 매로 다스려야 한다고 생각하던 시절에 정약용은 백성들에게 모든 선택권을 주어야 한다고 주장한 것이다.

"백성이 살 곳을 스스로 선택한다는 것은,"

"백성들이 지배층을 스스로 선출한다는 얘기."

"여의 대표인 여장 선출."

정약용에게 여전제는 토지문제 해결만이 아니라 이상적인 마을 공동체 건설 방안이기도 했다.

"일정한 땅에서 다 같이 함께 일해서 불평등 없이 분배한다."

"이곳이 우리의 땅입니다."

3. 묘지명을 지은 뜻

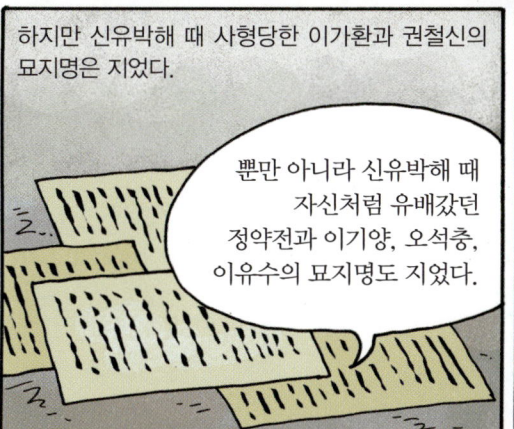

제4장 고향에 돌아와

정약용은 「녹암권철신묘지명」에서 권철신을 성호 이익의 수제자로 보았다.

"성호 선생께서 늘그막에 한 제자를 얻었으니 바로 녹암 권철신이다."

정약용이 권철신의 죽음을 애달파 하는 것은 바로 이것 때문이었다.

"서양서가 나타났을 때 녹암의 아우 권일신이 맨 처음 형벌을 받는 화를 만나 임자년(1792) 봄에 죽었고,

온 집안이 모두 천주교에 물들었다는 지목을 받았으나 녹암이 그걸 금할 수도 없어서 역시 신유년(1801) 봄에 죽임을 당했으니,

마침내 학문의 맥이 단절되어버렸다.

성호 학통의 아름다움을 다시 이어갈 수 없게 되었다."

이것이야말로 세상의 운에 관계되는 일이지 한 집안만의 비운으로 끝날 일은 아니었다.

권철신은 동생 일신이 죽은 후 이때부터 문도가 모두 끊어지자 문을 닫고 10년 동안 두문불출하였다.

신유년(1801) 봄에 옥에 넣고 국문을 했으나 증거가 없었다.

어떤 사람이 을묘년(1795)에 죽은 윤유일이 본래 권철신의 제자였으니 윤유일이 꾸민 일의 정상을 몰랐을 리가 없다고 하여

장차 사형시키기로 하였는데

마침 고문으로 공의 상처가 너무 커서 정신을 잃고 운명했음에도 결국 2월 25일 기시하기로 의논까지 해버렸다.

오호라! 부모께는 효도하고 자식을 사랑했으며 영특한 지혜는 샛별과 같았고, 얼굴 모습은 봄날의 구름과 밝은 태양 같았는데, 형틀에서 죽어갔고 시체가 저자의 구경거리로 널려 놓였으니 어찌 슬프지 않겠느냐.

정약용의 「자찬묘지명」과 정약전, 이가환, 권철신, 이기양, 오석충 묘지명이 세상에 공개되는 데는 오랜 시간이 걸렸다.

정약용과 그 후손들은 묘지명의 내용이 노론 세상에서 공개되는 것을 두려워했다.

이것을 빌미로 다시 무슨 짓을 저지를지 몰라!

1885~1886년에 고종의 어람본으로 만들어진 『여유당전서』에 정약용의 「자찬묘지명」 두 편과 다섯 편의 묘지명이 누락된 것은 이 때문이다.

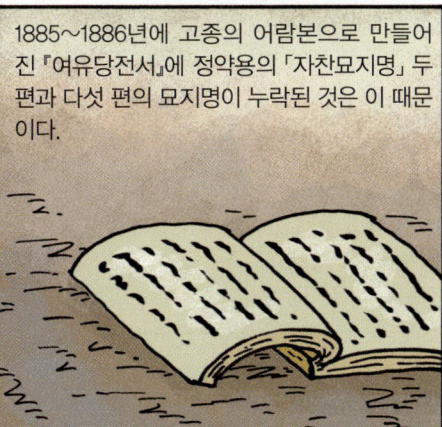

정약용이 자신의 「자찬묘지명」과 다른 사람들의 묘지명을 쓴 것은 먼 훗날의 평가를 위해서였다.

그들의 영혼을 위로하고 먼 훗날 이들 삶의 진실이 드러나기를 바란다.

그리고 이들에게 누명을 씌워 핍박한 노론벽파의 야만이 전해지기를 바란다.

먼 훗날 노론의 세상이 아닌 다른 세상에서 사헌부의 계사나 국청의 국문기록이 아닌 묘지명으로 자신과 이들의 인생을 평가받기 위한 것이었다.

그래서 그의 묘지명은 억울하게 죽거나 귀양 갔던 자들에 대한 진혼굿이자 헌사가 된다.

4. 태워버려도 괜찮다

정약용은 떨리는 손으로 붓을 잡아 「회혼시」를 썼다.

60년 세월이 바람개비처럼 눈앞을 스치며 도는데
복숭아꽃 곱게 피던 봄빛은 마치 신혼 때 같아라.

살아 이별, 죽어 이별, 늙기를 재촉하더니
슬픔이 지나고 기쁨이 온 것은 나랏님 은덕이네.

첫날밤 주고받은 사랑 이야기 오늘따라 새롭고
무지개무늬 장옷에 쓴 먹글씨는 아직도 남아 있네.

헤어지면 다시 만남은 타고난 숙명인데
회혼례 올리려고 자손이 모여 있네.

그러나 잔치가 막 시작하려는 22일 진시 초각(오전 7시경) 정약용은 하늘의 부름을 받았다.

「자찬묘지명」을 쓸 때 이미 인생을 정리했던 정약용은 그해 조그만 첩에 유명을 써두었다.

그로부터 12년을 더 산 셈이구나.

그의 유명(遺命)은 이렇게 시작된다.

이 유명은 꼭 예에 따를 것도 없고, 꼭 풍속을 따를 것도 없고, 오직 그 뜻대로 할 것이다.

살았을 때 그 뜻을 받들지 않고 죽었을 때 그 뜻을 좇지 않으면 모두 효가 아니다.

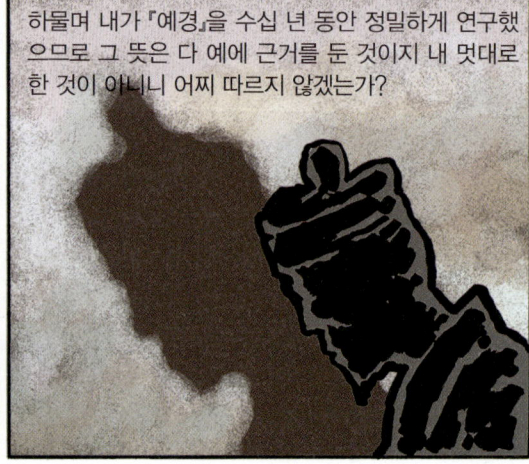

하물며 내가 『예경』을 수십 년 동안 정밀하게 연구했으므로 그 뜻은 다 예에 근거를 둔 것이지 내 멋대로 한 것이 아니니 어찌 따르지 않겠는가?

산사람이 해야 할 일은 『상의절요』에 있으니 마땅히 잘 살펴서 행하고 어기지 말라.

정약용의 유명첩의 장례절차는 다음과 같다.

병이 나면 바깥채에 거처하게 하고 부녀자들을 물리치고 외인을 사절한다.

숨이 끊어지면 속옷을 벗기고 새 옷을 입힌다.

수시(시신을 거두어 머리와 팔다리를 바로잡는 것)는 풍속대로 하되 이를 괴지 말고 발을 묶지 말고 한두(황토를 다리 사이나 팔, 목, 어깨 사이에 넣어 시신을 고정시키는 것)를 설치한다.

그날로 목욕을 시키고 염습하되 준비가 안 되었으면 이튿날 아침에 해도 좋다.

명목(시신의 눈을 가리는 천)은 검은 비단에 붉은 안감을 쓴다.

악수(시신의 손을 싸는 헝겊)는 검은 비단에 붉은 안감을 쓴다. 귀마개는 흰 솜을 쓴다.

이불과 요는 쓰지 말고 소렴(시체에 새로 지은 옷을 입히고 이불로 싸는 것)한 시신을 곧 관에 넣는다.

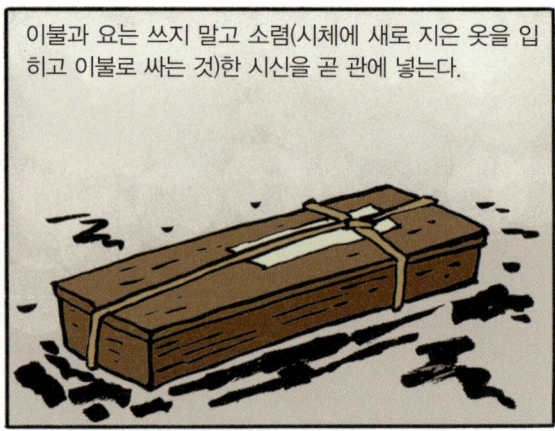

정약용은 이 유명에서 '집의 동산에 매장하고 지사에게 물어보지 말라'라고 유언했다. 그러나 이 묘소에 서면 천하의 명당임을 알 수 있다.

또한 석물을 지나치게 세우지 말라며 검소한 장례를 요구했다.

그는 평생 연구한 『상례』의 정신을 유명 뒤에 붙인 발에서 전하고 있다.

천하에 가장 업신여겨도 되는 것은 시체이다. 시궁창에 버려도 원망하지 못하고, 비단 옷을 입혀도 사양할 줄 모른다.

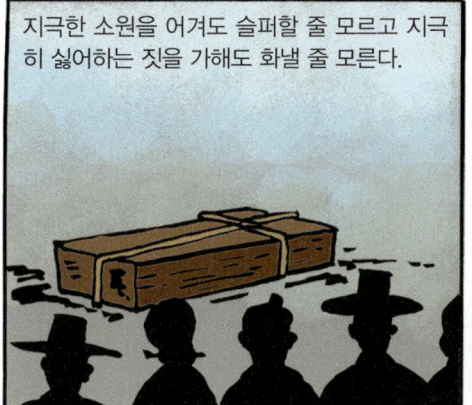

현세가 아니라 미래를 위해 학문을 하고 저술을 했던 다산.

그는 「자찬묘지명」에서 자신의 학문 체계가 완성되었다고 쓴 후에 이런 말을 덧붙였다.

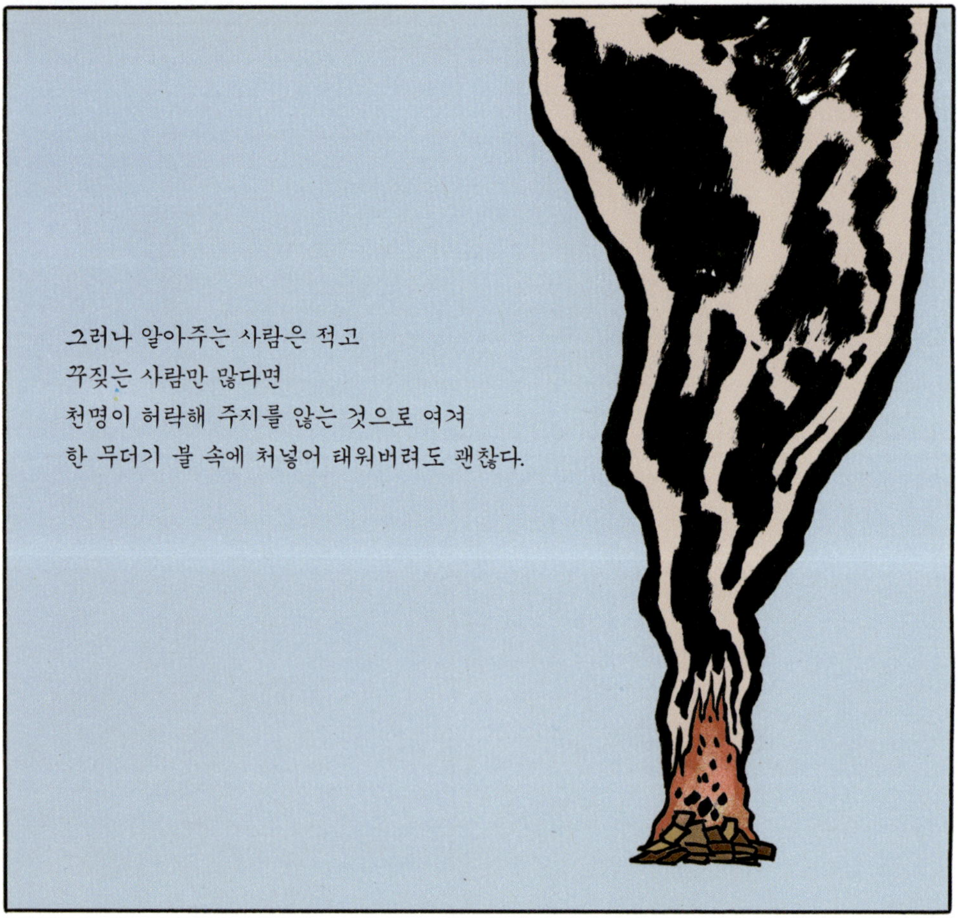

그러나 알아주는 사람은 적고
꾸짖는 사람만 많다면
천명이 허락해 주지를 않는 것으로 여겨
한 무더기 불 속에 처넣어 태워버려도 괜찮다.

선생님….